넌 최고야!

현 단 지음

한울림스페셜

하양이라 능히

꾸러 고물 기차아.

강지기 가루

가머후기 앙기.

미웅기 태어나기!

'귀여운 오리의 지원 완성!'

반달 가슴 곰돌이

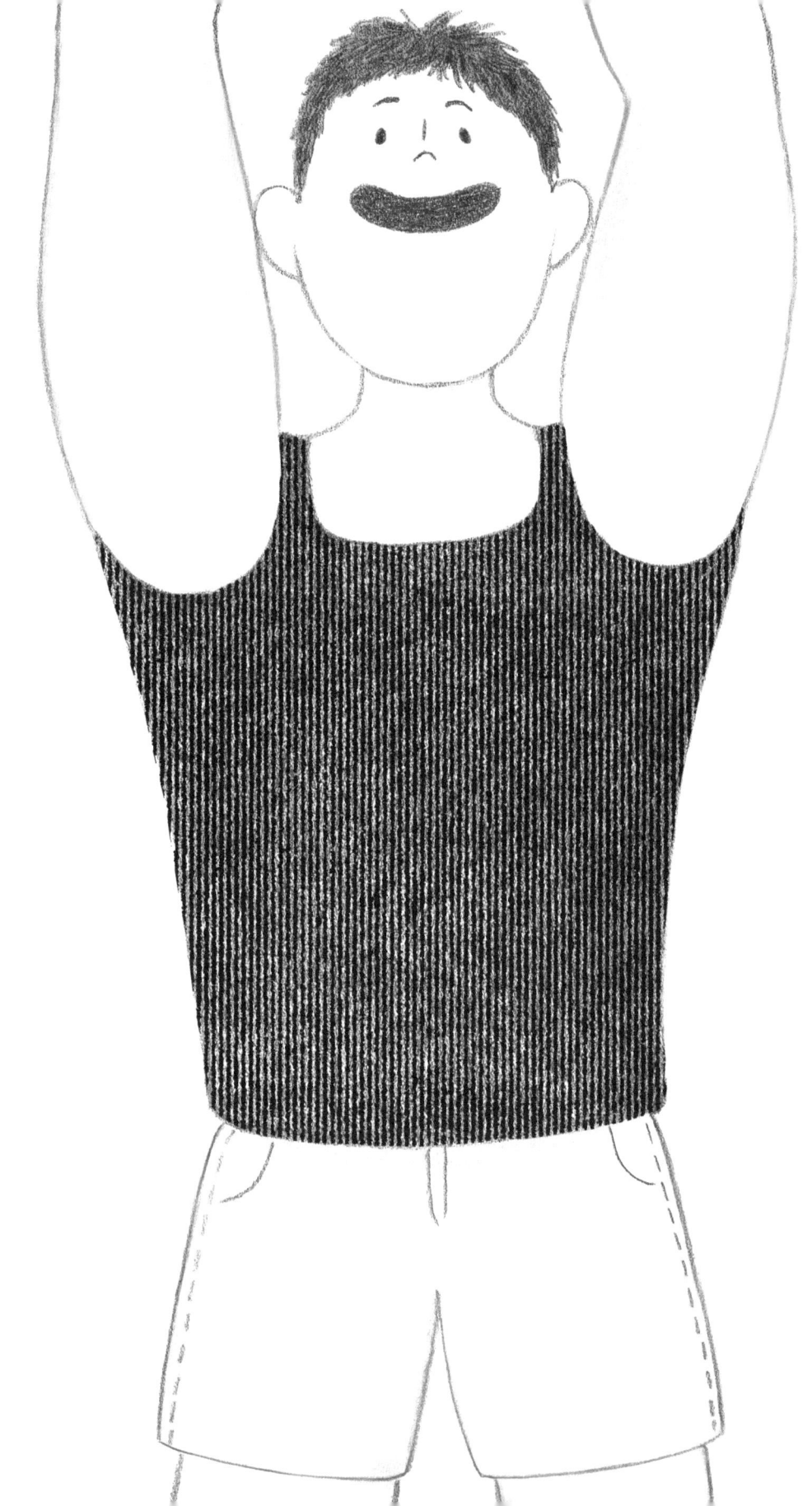

가만히 있다가도 내가 중요한 일을 하고 있으면

귀신같이 알아채고 불러.

엄마야, 넘 간지러워~

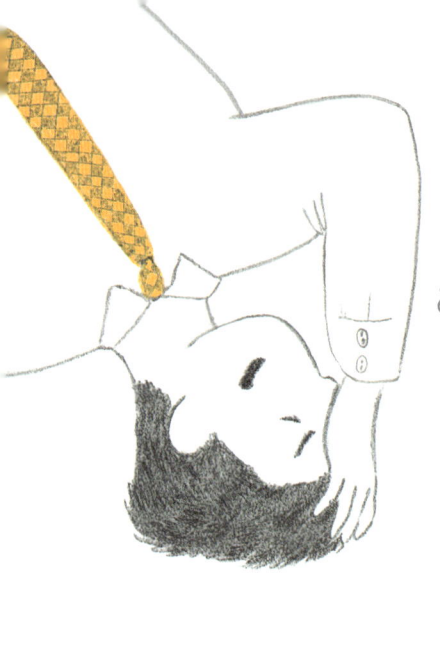

엄마야, 이거 봐라!

음마가 뜨게질하는 동안
밤마는 차라니 논다.

엄마야, 머리 아파까?

엄마야, 나 아빠?

아, 진짜 잠 쏟아진다…

이제 집에 가봐야겠다. 내일 봄!

오늘 내가 좋아하는 노래를

들을 수 있어서
좋았다 !음음

곰돌이 구조대, 출동이야!

'사장님 할 수 있냐,'

죽이 안나

비나 안나

어야됨간 우께리감

록뜻 투다가 샇 굼 이야.

금하군 르여사 시항우가 군우글

잠옷을 내 입안에!

라이언의 세상에는 돌로 된 잠

그리고 라이언의 잠옷엔 달콤한 사탕이 샀어.

움직여서 5미터 가기성공

내가 뭘 좋아하는지
너무 잘 안단 말야!

뭉치야,
곰이 보러 갈까?

솜이?

눈눈코

초롱초롱 곡

나비야 리본

우리 동네 제일가는 귀염둥이
솜이?!

라이언, 변신!

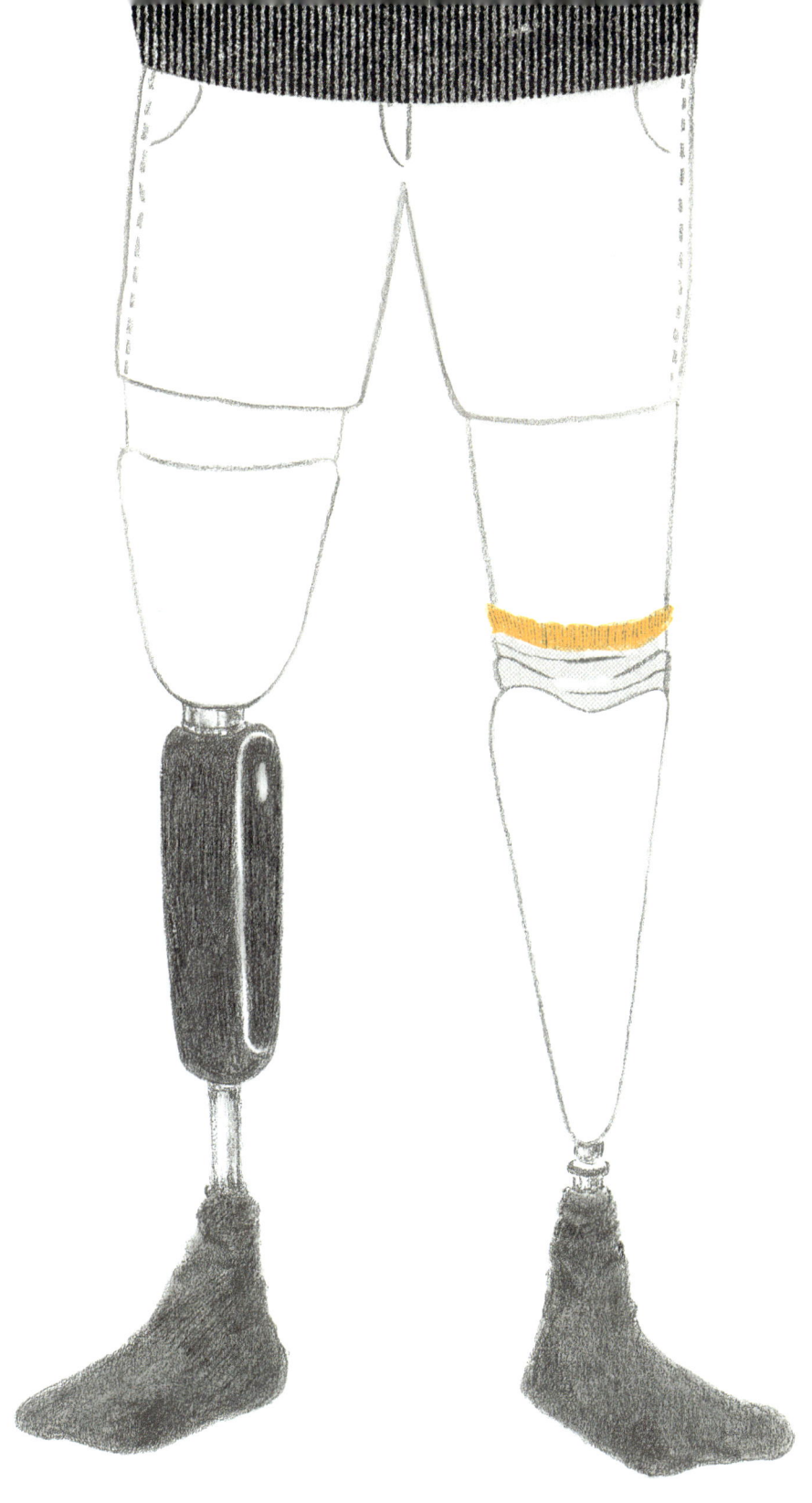

단추고양이

글쓴이 **원정민** 펴낸이 **이은정** 펴낸곳 **(주)도서출판 한울림** 펴낸이 라이프
출판등록 2008년 2월 13일(제2021-000316호) 주소 서울특별시 마포구 희우정로 16길 21
홈페이지 blog.naver.com/hanulimkids 인스타그램 www.instagram.com/hanulimkids
첫판 1쇄 펴낸날 2025년 8월 14일 2쇄 펴낸날 2025년 10월 20일 ISBN 979-11-91973-20-4 77810

이 책은 저작권법에 따라 보호받는 저작물이므로, 저자와 출판사 양측의 서면 동의 없이 이 책의 일부 혹은 전체를 인용하거나 옮겨 실을 수 없습니다.
* 한울림어린이는 (주)도서출판 한울림의 어린이 책 전문 브랜드입니다. * 잘못된 책은 바꾸어 드립니다.

아이의 이름을 적어 내 책이에요 이름 적는 자리 책으로 대화하는 시 사용 연령 7세 이상

인스타그램 @dan_books

《단추고양이》는 원정민 작가의 그림책 데뷔작이자 대표 동화입니다.
《어리기》, 《슈퍼를 이상해》, 《마음몽 꽃이 피었습니다》가 있습니다.
장래에 관지 않고 자유로운 사유로, 우리 곁에 머물러 있는 아이들의 마음을 담고 있습니다.
이 소중한 깨달음들을 지치지 않고 꼭 해 이야기할 수 있도록, 마음 것 응원해 주십시오.

원정민